어정잡이

어정잡이

김수봉 제4시집

세종출판사

••• 서문

이 시집은 필자의 네 번째 시집이다.

2020년 하반기에 쓴 150여 편의 작품 중 작가의 안목에는 그래도 부끄러움이 덜하겠다고 생각되는 100편만 뽑아서 필자의 삶과 닮은 '어정잡이'란 제목을 붙였다.

구성은 제 5부로 나누고 각 부에는 20편씩 작품을 실었고 작품의 순서는 대체로 뒤에 쓴 작품부터 앞에 싣고 먼저 쓴 작품은 뒤에 실었다.

대단하지도 않은 작품을 형편도 여의치 않으면서 해마다 출간하는 것이 부끄럽기도 하지만 작품을 창작하고 또 창작한 작품을 출판할 수밖에 없는 것은 작가의 숙명이라 생각하고 이렇게 출판을 강행하려 한다.

강호제현의 따뜻한 질정과 사랑을 기대한다.

2022. 4.

작가 김 수봉 사룀

차례

제1부
중앙(황제)

제2부

동방(청룡)

제3부

서방(백호)

제4부

남방(주작)

제5부

북방(현무)

제1부

중앙(황제)

낙동강 하구

밤낮 쉼 없이 달려온 강물이
한숨 돌리며 걸음을 늦추면
하루의 과업을 마친 태양도
뉘엿뉘엿 금빛 몸을 뉘는 낙동강하구

봄이면 강물위에 은빛 숭어가 튀고
시원한 강바람으로 여름을 넘어서면
갈대와 어우러진 억새가 가을을 노래하고
겨울이면 깔밋한 백조가 연하장을 그리며
갯벌에 하얀 겨울 꽃을 피우는 곳

아침이면 먹이 찾는 철새들이
일출을 맞으며 아침 인사드리고
사랑을 나누고 생명을 키우던
하루가 저문 저녁이면
하늘 감감한 군무를 추며
날마다 허공에 그림을 그리는 그곳

강가에 서면 황홀한 낙조에 물들어
철새와 강과 을숙도는 그림이 되고
잔잔한 물소리는 음악이 되고
풍경은 마침내 선경이 되어
사람은 저절로 신선이 된다 (2020.12.05.)

약자의 생존법

파리는 왜 손발을 끊임없이 비빌까?
약자는 왜 이유 없이 굽실거릴까?

한파 특보가 내려진 어느 날 아침
건널목에서 '일단정지' 깃발을
교통 신호에 따라 올렸다 내리는 노인들

마스크 안에서 나오는 입김 때문에
마스크는 금방 젖고 얼굴에는 얼음이 얼고
손발이 시려 연신 손을 비비고
발을 동동거리는 노인들

파리가 왜 파리 목숨이고
이유도 없이 끊임없이 왜 손발을 비비는지
그 때서야 진실을 알게 된다

힘없고 돈 없는 약자는 파리 목숨이라서
이유가 없어도 무조건 손을 비비고
발을 동동거릴 수밖에 없다는 것을
그래야 살아남을 수 있다는 것을

새벽 시간 길거리 건널목에서
손발과 얼굴을 끊임없이 비비며
깃발을 드는 가진 것 없고 힘없는 노인들
이미 세상의 모든 이치를 깨닫고
달관한 도사들인 것을

(2020.2.17.)

대도시의 별

대도시의 밤하늘에 별이 없는 것은
도시의 불빛이 너무 밝은 것도
별이 죽은 것도 아니다

도시를 닦고 쓸고 밝히는 노동자들이
너무 밝고 아름답게 청소하기 때문에
그들의 정성에 감동하고 놀란 별들이
노동자의 친구가 되거나 꿈이 되기 위해
천상에서 지상으로 모두 내려왔기 때문이다

대도시의 밤하늘은 어두워도
닦고 청소한 하늘 아래의 도시는
밤이 깊을수록 얼마나 많은 별들이
하늘보다 훨씬 더 총총하고
밝게 빛나지 않던가?

(2020.09.18.)

우문현답愚問賢答

어이, 늙은 친구야. 잘 지내니?
응 그럭저럭 잘 지내.

뭐 하고 지내니?
그냥 빈둥빈둥 세월만 보내지 뭐.

밥은 먹고 지내니?
그럼. 하루 세끼 밥만 먹고 지내.

왜 그렇게 사니?
조물주가 그렇게 살라고 보냈으니까.

왜 사니?
인생 별것 있나. 그냥 사는 것이지.

왜. 왜 그냥 사니?
사는 것이 세상을 지키는 것이잖아.
내가 없으면 세상도 없잖아.

그렇게 살아서 뭐하니?
나는 살아서 나의 세상을 지키잖아
살아남는 것보다 더 위대한 일이 있니?

그래 맞다. 네 말이 맞다.
나도 그냥 그렇게 살아. (2020.12.22.)

무식한 말다툼

현대인들은 참 한심하고 불쌍해.

왜 그렇게 생각해?

현대인들은 돈이라면 목숨을 걸지만
마음의 양식인 문학 작품은 일 년에
한 편도 안 읽는 것 같아.

그게 뭐 어째서 한심하고 불쌍하니?
시가 옛날처럼 읽을 만한 것이 있어야 읽지
문학작품은 읽을 때는 재미가 있고
읽고 나서는 무엇인가 깨달음을 얻거나
공감할 수 있는 뭐가 있어야 하는데
요즘의 시는 도대체 무슨 말인지조차도
알 수 없는 말을 혼자서 나불대고 있잖아.

그게 바로 무식하다는 증거야.
세상이 발전하면 문학 장르도 변하고 발전해
현대시는 특히 함축과 낯설게 하기가 유행이야
그래서 좀 어렵게 느껴지기는 하지
그래도 그것은 그것대로 맛과 멋이 있잖아

웃기는 소리하네. 함축인지 함정인지
알 수도 없고 특히 복잡다단한 세상에
낯이 익숙해도 알아보기 힘든데 낯설기만 하면
아무 말 대잔치나 자기만의 옹알이지
그것이 무슨 시고 맛과 멋이야?

모르면 배우도록 해야지 시를 무시하면 쓰나.

시는 즐기기 위해 읽지 배우기 위해서 읽나?
어중간하게 아는 것은 무식보다 못하니
차라리 나한테 와서 완전무식이나 좀 배워라.

(2020.12.28.)

건널목의 노인

한파 특보가 내려진 이른 아침
학생도 등교 전 늙은 노인 두 사람이
학교 앞 건널목에서 몸을 웅크린 채
신호에 맞추어 '일단정지' 깃발을
기계적으로 올리고 내린다

한참 시간이 지나자 귓불이 붉어진
노인들이 발을 동동거리다가
'에잇 00! 45년 전 최전방 초소에서
발이 시려 동동거린 이후 처음이다'
'늙은 우리가 하는 일도 없이 세금만
축낸다고 흉보는 놈은 어떤 놈인가'
하며 불평하고 분개한다

목구멍이 포도청도 아니면서
매연을 마시며 떨고 있는 자신이 미워서
당장이라도 그만두고 싶지만
이전에 무료하여
빈둥거리며 전전긍긍하던 때를 생각하며
찢어버리려고 아직 주머니에 넣어두고
제출하지 않았던 내년도 '일자리 신청서'를
또 다시 만져본다 (2020.12.16.)

코로나19 시대의 단체모임

연말을 앞두고 단체마다
한해를 결산하는 총회를 열면서
초록동색하고 유유상종하여
서로서로 끌어주고 당겨주며

누구는 00대상
누구누구누구는 000금은동상
끼리끼리 추어주고 밀어주며
잘했다 대단하다 축하한다

코로나19가 위험하고
더 좋은 다른 방법도 없어서
잘난 우리끼리 북치고 장구 칠 테니
못난 들러리들은 국으로 있어라 한다

일리도 있고 맞는 말인 듯한데
괜스레 밸이 꼬이고 속이 쓰린 것은
질투가 나서 몽니를 부리는 것일까
나이답지 못한 까탈스러움 탓 만일까

(2020.12.03.)

K방역의 허실

코로나19의 K방역은
할아버지와 어린 손자의 술래잡기놀이다
한걸음 다가가면 두 걸음 달아나서
끝없이 꼬리잡기만 하는 술래잡기다

길목을 지키다가 앞을 가로막고
머리채를 휘잡아야 하는 것인 줄 알지만
너무 쉽게 잡고 잡히면
술래잡기가 재미없다나?

소 잃고 외양간 고치면
후회해도 때가 늦다 말해도
술래잡기 놀이 같은 코로나19
꿩 먹고 알 먹는
K방역의 묘미를
몰라서 하는 소리란다

(2020.12.13.)

고래 싸움

고래는 고래답게 피라미는 피라미답게 싸워야
재미도 있고 흥행도 성공할 수 있다

플라이급 권투선수가 한방에 KO를 시키겠다고
헤비급선수처럼 라운드 마다 한방만 노리거나
헤비급 선수가 점수만 따겠다고 플라이급 선수처럼
팔랑팔랑 돌면서 잽만 날린다면 승리도 어렵겠지만
승리한다고 해도 재미가 없고 지겨워서
관중들은 경기 도중에 자리를 뜨고 말 것이다

위치가 고래보다 무거운 KK총장과 BB부 장관이
플라이급 선수처럼 잽만 날리며 마지막 라운드까지
공방을 벌이고 결과에도 승복 못한다면
라운드마다 중계하던 방송사나 구경하던 국민들은
등터진 새우처럼 마침내 TV를 꺼버리지나 않을는지

흥행을 위한 프로모션이라면 싸움도
고래는 고래답게 싸우도록 조절하고
정리해야 하는 것이 임무 아닐까

(2020.12.18.)

사과를 깎으며

오늘 아침도 사과를 깎는다
B품 사과다

모양이 짱구처럼 한 쪽이 튀어나오고
한 쪽은 짜부라져서 참 못 생겼다
둥글고 큼직하게 잘 생긴 사과에 비해
먹어보지 않아도 맛이 없어 보인다

깎아서 잘라 놓으니 그놈이 그놈 같고
맛도 약간의 신맛이 강한 것 외에는
이놈과 그놈이 큰 차이도 없고
오히려 자극적인 맛은 더 좋았다

사과를 씹으며 생각해 본다
못생긴 놈은 일부러 그렇게 못났을까
잘생긴 놈은 원래 잘나서 그렇게 잘났을까
못난 놈의 희생을 딛고 잘난 것은 아닐까

잘나고 못난 것은 팔자거나 자기 탓일 뿐
세상과 환경은 아무 관계가 없을까
사과도 인간세상도 잘난 자 중심일 뿐
불합리 불평등은 운명 탓일 뿐일까

(2020.12.05.)

운명運命

인간의 죽살이 외에 운명이란 것이 있을까?
있다면 나와 봐라 얼굴 한번 보자

인간들은 승부나 성패가 달린 일에서
이기거나 성공한 자는 모두 자기 탓이라 하고
패자는 말이 없다고 했지만
실패하거나 패배한 자는 모든 결과를
남 탓이거나 운명이라 한다

어떤 결과도 이유 없는 성패와 승부가 없고
필연 아닌 원인과 결과도 없다
운명은 자기변명이거나 자기 위안일 뿐

다만 받아들일 수도 없고
받아들여서도 안 되는 승부에서는
없어도 있어야 하는 운명

변명과 위안이 필요한 인생
언제든지 오너라
운명아!
너는 내 운명 (2020.12.25.)

12월 막달

해마다 막달이 될 때까지
달마다 반성하고 계획했지만
새로운 막달이 되어 돌아보면
올해도 전년과 별반 달라진 것은 없고
안타깝고 후회 되는 것도 마찬가지다

마음을 비우고 남에게는 너그럽고
나에게는 엄격하겠다고 다짐했지만
끊임없이 좋은 작품을 쓰겠다고
애쓰며 괜스레 자신을 괴롭혔고
문단의 현실도 백안시하고
섭섭해 하고 비판적 생각만 가졌다

베풀고 나누고 아래를 보며
살겠다고 다짐한 마음도
나누기보다는 더 많이 받고
가지려고만 했고
더 높은 곳만 바라보며
항상 불평불만만 했다

해마다 그 해가 그 해 같았지만
다가올 새해는 올해와는 달라서
돌아볼 막달에도 반성보다는
만족과 기쁨이 많기를 기대해본다

(2020.12.01.)

정치인의 생각

12시 뉴우스.
공수처장 김00이 임명 되었다네.
어느 쪽이지? 우리 쪽이 아니잖아.
좀 걱정 되는데. 그래도 저 쪽도 아니잖아.
다행이다. 그래도 좀 갈궈야 체면이 서지.

오늘 코로나 확진자 몇 명이라 했지?
1050명이야. 어제와 비슷하네.
구치소에서 너무 많은 확진자가 나와서
조금 걱정이지만 큰 문제는 없구만.
그래도 전직 대통령이야 문제없겠지?
그럼.
안심이다.

제주도 근해에서 어선이 뒤집혀서
7명이 실종되고 생존이 확인 불가래.
그것 참 안 됐구만. 왜 못 구했지?
구조 신호는 왔으나 파도가 너무 심했데.
그럼 어쩔 수 없지.
누가 풍랑 경보에 조업 나가랬나?
그것도 그들의 팔자지.

세월호도 아닌데 제 멋대로 물고기나 잡는
어부를 어찌 다 구할 수 있겠나.
그런 시시하고 소소한 소식 말고 오늘
우리 당의 지지도나 높일 대형 사건은 없나?

(2020.12.30.)

얄미운 시간

가는 것도 오는 것도 아니고
있는 것도 없는 것도 아닌 시간

기대하는 것과 기다림이 있으면
아무리 재촉해도 느리기만 하다
백수가 빈둥거리며 밥 때만 기다리거나
어린아이가 명절과 생일을 기다릴 때처럼

기대할 것도 기다릴 것도 없으면
아무리 붙잡아도 급하게 달리기만 한다
삼순구식하는 집안에 부모님 제사 돌아오고
늙은 시인 시상이 떠오르지 않아 안달할 때처럼

빨라도 그만 느려도 그만
시작도 없고 끝도 없는 시간
인간이 편의를 위해 분절하고
의미를 부여한 것일 뿐인 것을

(2020.12.27.)

새해맞이

연말과 새해가 맞물리는 12월 31일
시작이 반이라는 새해와
끝이 좋아야 전체가 좋다는 세말이,
한 살 더 먹어서 좋다는 어린아이와
일없이 나이만 더해 안타깝다는 노인이,
새해의 기대와 희망에 들떠 있는 청춘과
지난해의 반성과 회한으로 슬퍼하는 노년이,
상호 모순되고 엇갈리는 연말과 연시年始

해마다 반성하고 계획하든 안 하든
저절로 가고 오는 제야와 신년
그래도 반성하고 계획하고 기대해야
마음이 든든해지고 기다려지는 새해

새해는
오늘이 어제보다 내일이 오늘보다
기대되고 기다려져야 하는 것처럼
지난해보다 기대되고 기다려지고
이루어지는 그런 한 해가 되기를.

(2020.12.31.)

동지 팥죽

팥죽의 붉은 색은 태양을 부르고
동방을 가리키는 색
동지에 팥죽을 먹고 대문간에 뿌리면
잡귀를 쫓고 재앙을 물리친다 한다

동지는 일 년 중 밤이 가장 길다지만
젊은 시절은 밤이 길어도 언제나 짧았고
늙으면 세월은 짧아도
언제나 밤도 길고 낮도 길다

동짓달 기나긴 밤
잠은 안 오고 배도 출출할 때
재액을 핑계로 먹는 팥죽 한 그릇
온갖 영양 다 챙기고 건강도 챙기니
진실로 동지 팥죽은
축귀와 재액을 감당하는 부적이 아닌가

(2020.12.21.)

욕심

부자는 무엇이 부족해서 탄식하고
고관대작은 무엇이 모자라서 한탄할까?

천하를 재건해서 황제가 되고
수많은 처첩과 100여명의 자식을 두고
당대에는 보기 드문 나이까지 살았는데
인생을 백구과극白駒過隙이라 하며
삶의 허무를 탄식했다면
후한 광무제는 무엇이 부족하고 모자랐을까?

모자라거나 부족한 것은 상대적일 때도 있지만
욕심은 개인적이고도 절대적이라서
줄이고 비울수록 모든 것이 만족스럽지만
허무는 많이 채울수록 더 부족해지는
욕심의 아이러니 때문은 아닐까?

(2020.12.24.)

피라미의 하소연

고래는 말하지
피라미는 피라미의 꿈만 꾸고
송사리는 송사리의 꿈만 꿀 뿐이라고
그래서 피라미나 송사리로 산다고

그렇지 않아
피라미도 고래의 꿈을 꾸고
송사리도 상어의 꿈도 꾼다고
피라미와 송사리가 항변해보지만

고래는 피라미와 송사리 주제에
무슨 큰 꿈을 꿀 수 있겠냐며
오르지 못할 나무는 쳐다보지도 말고
국으로 있으라며 비웃는다

피라미가 피라미로 살 수밖에 없는 것은
고래들의 횡포나 오염된 개천 탓이라고
아무리 변명해도 결국 새우는 등터지고
현실은 고래들만 꿈꾸고 노래할 뿐

(2020.12.30.)

조화와 상생相生

사람들은 눈만 뜨면 더 높이 올라가고
더 많이 가지려하고 남이 잘 되는 것은
사촌이라도 배가 아파하며
서로 뺏고 빼앗기고 죽고 죽이는 싸움을
끊임없이 계속한다

서로 돕고 화합하고 함께 살면 더 편하고
아름답고 행복하다는 것을 모르는 것일까
아니면 투쟁과 약탈이 습관이 된
더 효과적인 생존법이라 생각하기 때문일까

남의 것을 빼앗지 않아도
가진 것만도 남아돌고 함께 써도 충분해서
많이 가진다고 더 행복해지는 것도 아닌데
왜, 인간은 남이 갖거나 누리는 것은
끝내 참지 못하고 반드시 빼앗아야 하고
남을 불행하게 해야 행복해지는 것일까

미물보다 추악하고 사악한 인간의 삶이
정말 만물의 영장일까
각자의 삶이 서로에게 도움이 되고
각자의 행복이 서로의 행복이 되는
조화와 상생의 그런 삶은 없는 것일까? (2020.12.01.)

코로나19.

에끼! 이 나쁜 놈
어서 썩 물렀거라!

예의도 없고 인정도 없는 놈
늙고 병든 사람만 골라서 데려가는 놈

비겁하고 사악한 놈
힘없고 가난한 사람만 더 괴롭히는 놈

지조도 없고 간사한 놈
이 사람 저 사람 사람마다 옮겨 다니는 놈

염치없고 더러운 놈
하필이면 침방울을 타고 떠돌아다니는 놈

시기 많고 질투 많은 놈
인간관계 끊어 놓고 서로 의심케 하는 놈

뻔뻔하고 심술궂고 철면피한 놈
일하기 싫고 게으른 사람 핑계만 만드는 놈

억지와 무지의 대마왕 같은 놈
기존의 일상과 패러다임도 뒤집어 놓는 놈

에끼! 나쁜 놈
어서 썩 꺼져라! 퉤퉤퉤.

(2020.12.12.)

제2부

동방(청룡)

세월

세월은 까치발로 다니는 고양이다
아무리 빨리 달려도 소리 소문도 없고
가는지 오는지 아무도 모르고
쥐죽은 듯 조용하다

세월은 잘 훈련된 도둑놈이다
언제 왔다 갔는지 흔적도 없고
무엇 하러 왔다 가는지 알 수도 없지만
매일매일 인간의 수명을 훔쳐간다

세월은 심술궂은 재주꾼이다
아무리 쓸모 있고 좋은 것이라도
금방 낡고 늙고 쓸모없는 것으로
만들고 만다

세월은 대머리의 달리기 선수다
아무리 잡으려 해도 잡을 곳도
가로막으려 해도 막을 수조차 없어
정월인가 했는데 벌써 막달이 되었다

세월은 새 생명을 낳고 키우기도 하지만
결국 이 세상 모든 것을 낡고 쓸모없는
과거나 추억으로 만드는 요물이다 (2020.11.29.)

좋은 만남

사람과 사람이 만날 때는
마주잡은 손이 항상 따뜻했으면 좋겠다
너무 차거나 뜨거워서
그만 놓아버리거나 빨리 식지 않도록

마음은 서로 담담한 물 같았으면 좋겠다
달거나 쓰면 금방 입맛이 변하지만
물은 언제 마셔도 변함없고
안 마시면 살 수도 없으니까

자주 만나기도 어려웠으면 좋겠다
멀리서 서로 그리워만 하고
만나기는 어려워야 그리움도 커지고
만남의 기쁨도 커지니까

만나도 많은 말을 하지 않았으면 좋겠다
할 말이 많으면 쓸 말이 적고
혀 밑에 도끼가 숨어 있어서 본의 아니게
서로 상처를 주고 오해를 낳지 않도록

사람과 사람이 만날 때는
가끔 만나 말없이 손을 맞잡고
지긋이 바라만 봐도 서로 마음이 통하고
위안이 되고 담담한 기쁨을 함께할 수 있는
그런 관계였으면 더욱 좋겠다

(2020.11.06.)

요지경 세상

승리해서 성공했을까
성공해서 승리자가 되었을까

능력자가 승리했을까
승리해서 능력자가 되었을까

정의로워서 성공했을까
성공해서 정의가 되었을까

글을 잘 쓰면 문단 간부가 되고
문단 간부는 글을 잘 쓸까

잘 쓴 글은 문학상을 받고
문학상을 받은 글은 잘 쓴 글일까

원인과 결과가 모순되고 전도되어도
결과만 중시 되는 요지경 세상

정의는 정당해서 아름다운 것이고
불의는 부당해서 부정적인 것일까

잘난 사람 잘난 대로 살고
못난 사람 못난 대로 살뿐인 것을 (2020.11.08.)

태작駄作의 시를 위하여

기술이 부족한 노동자는
노동 시간이나 노동력으로 대신할 수 있고
기능이 부족한 제품은
가격이나 물량으로 대신할 수 있으나
위대한 작가는 타고 나는 것이지
노력만으로 되는 것이 아니고
불후의 명작도 고만고만한 작품을
많이 쓴다고 되는 것은 더욱 아니다

어떤 작가의 작품을 읽다가 보면
작가라는 것이 오히려 부끄러울 때도 있고
내가 쓴 작품조차도 부끄러울 때가 있지만
그렇다고 태작의 작가와 작품이
전혀 필요 없거나 없어져야 할 것은 아니다

밤하늘이 아름다운 것은
달빛이 아름다운 이유도 있지만
그보다는 수많은 뭇별의
반짝임이 있기 때문인 것처럼
태작이 없이는 불후의 명작도 없고
태작이 많을수록 명작은 더욱 빛난다 (2020.11.12.)

선을 지킵시다

찬바람이 목덜미를 스칠 때면
자신도 모르게 몸을 웅크리고 바람을 등지는 노인
오늘도 이른 아침부터 학교 앞 건널목에서
'일단정지' 깃발을 들고 '선을 지킵시다' 외치고 있다

학생들이 못 들은 척할 때 가끔은 화를 내다가
학창시절 선을 넘고 선을 지키지 않았던 친구들은
지금도 선 위에서 선을 무시하고 군림하는데

밑줄 그을 때도 자를 대고 반듯하게 그었고
똥개처럼 한 번도 뒷다리를 들고
함부로 노상방뇨 한 적도 없었지만

아직도 찬바람에 쪼그라든 마늘 두 쪽 딸랑이며
늘그막에 한 달 수당 이십칠 만원에 목을 매고
깃발을 올리고 내리는 자신의 모습이 슬퍼서

선은 무조건 지켜야 하는 것인지
자신의 외침이 공허한 것은 아닌지
슬프고 부끄러운 회의에 얼굴을 붉히며
당장이라도 깃발을 던져버리고 싶어진다 (2020.11.09.)

섭리攝理

아름다운 꽃과 단풍이
오래오래 지천으로 많다면
어느 누가 곱다고 칭찬하고
짧다고 안타까워하겠는가?

군림하는 권세와 재물도
누구 혼자만 오래오래 계속 누린다면
어느 누가 참고 견딜 수 있겠는가?

홍안紅顔과 영웅英雄은 박명薄命하고
못난 악당이 득세하고 잘 사는 것도
다 조물주의 뜻이거나 이유가 있을 터
수원수구誰怨誰咎해서 무엇하리

하늘은 누구에게나 공평무사하다 했으니
모든 것은 팔자소관으로 돌리고
주어진 대로 최선을 다하며 사는 것이
오히려 안심입명의 지름길이 아닐는지

(2020.11.02.)

꽃길 인생

이 세상에 태어난 모든 생령들은
한결같이 꽃길 인생을 소망하지만
꽃길만 걷는 사람은 드물다

지구는 삐딱하게 서서 공·자전하고
계절은 어김없이 변하기에
오는 봄은 멀고 험할 뿐

꽃피고 새 우는 봄은 너무 짧아서
꽃길은 쉽게 만들어지는 것도
화무십일홍이란 말처럼 그렇게 오래
계속되는 것도 아니다

꽃길은 만들어 가는 과정이 꽃길이 아니면
만들어진 꽃길이 꽃길일 수가 없듯
인생의 꽃길도 꽃길을 걷는 것이 아니라
꽃길을 향한 행진과 만드는 과정이 아닐까

(2020.11.02.)

낙엽

나뭇잎은 떡잎부터 단풍까지
서로 다른 색깔과 모습으로
온갖 아름다움과 특성을 뽐내며
나무의 한 해 삶을 온전히 담는
일기장이자 또 다른 나이테다

나뭇잎은 떨어지는 순간부터
무슨 나무의 어떤 잎이었든
무슨 영화와 영광을 누리던 잎이었든
분별은 중요하지도 필요하지도 않고
다 함께 한 움큼의 부토로 돌아가는
부질없고 허망한 낙엽이 될 뿐이다

만물의 영장인 인간도 여러 인종과
사람마다 서로 다른 능력과 특징을 지니고
남과 구별 되는 대단한 삶을 살지만
숨만 멈추면 모든 인간은 하나의 시신일 뿐
마침내 한 줌의 부토로 돌아가는 것은
낙엽과 다른 무슨 대단한 것이 있을까?

(2020.11.19.)

현대의 결혼

결혼도 시대에 따라
해야 하는 것인지 말아야 하는 것인지
안 하는 것인지 못하는 것인지
짚신 대신 구두를 신은 탓인지
천생연분도 변하는 것인지

눈에 콩깍지가 씌면
제 눈에 안경이라서
짚신도 짝이 있다는데
현대는 월하노인이 낮잠만 자는지
잘난 여자는 눈이 너무 높아서
못난 남자는 코가 너무 낮아서
노처녀와 노총각이 늘어만 가고 있다

결혼은
여자는 눈이 낮아야 하고
남자는 코가 높아야 하는 것인지
여자는 결혼하면 못난이가 되고
남자는 결혼해야 잘난이가 되는 것인지

북망산에도 핑계 없는 무덤이 없듯
눈은 아무리 높아도 눈썹 아래에 있고
코는 아무리 낮아도 입술 위에
있을 뿐인 것을

(2020.11.20.)

이상향

조선이 개국할 때는
음악으로 백성을 순화하고
예로써 나라를 다스린다는
예악의 정치를 국시로 정했지만
지배자들은 권력다툼으로 영일의 날이 없었다

싸움박질에 진력난 백성들은
민가와 멀어서 닭울음소리가 들리지 않고
낯선 사람이 찾아오지 않아서 개짓는 소리가
들리지 않는 곳을 이상향이라 여겼다

요즘은 개혁을 통해 정의로운 나라를 만들겠다며
코로나를 핑계로 국민을 집 안에 감금하고
미스터트롯으로 국민을 순화하려 하지만
TV만 켜면 채널마다 장관과 총장의 다툼을
권투경기 중계하듯 라운드마다 중계한다

개소리 닭소리보다 시끄러운 다툼과 트롯에
지친 국민들은 평등 공정 정의로운 세상보다
TV가 없어 조용한 세상이 오히려 행복하다고
조상들의 이상향을 그리워하지나 않을는지 (2020.11.11.)

장례식장

별세한 부모는 이별이 슬프지만
영정 사진 속에서 미소를 짓고

남은 자식은 속으로 웃으면서도
영정 앞에서는 슬픈 표정 짓는데

문상객은 호상이라 떠들며
대놓고 축하하네

때리는 시어머니보다
말리는 시누이가 더 밉다더니

축하받는 장례가 부럽기는 하면서도
입맛이 쓰고 가슴이 아린 것은
나만의 심술보 탓일까

(2020.11.16.)

나무의 덕성

나무는 한 번 뿌리를 내리면 어떤 상황에서도
그 곳에 뿌리를 박고 평생을 보내는데
사람들은 그 모습을 후덕하다 찬양한다

나무는 정말 후덕해서 한 자리에서 평생을 살까?
겨울에 춥지 않아서 바람에 소리 내어 울고
여름에 목마르지 않아서 잎이 마를까

나무는 태풍이 좋아서 피하거나 숨지 않고
뿌리가 뽑히고 가지와 몸통이 부러질까
산불이 났을 때도 좋아서 그냥 불에 탔을까

인간들의 아전인수격 해석과 칭찬임을 알지만
자식을 위해 자장면을 싫어한다고 했던 어머니의
마음처럼 어쩔 수 없고 피할 수 없는 상황에서
살아남기 위한 불가피한 선택은 언제나 아름답다

(2020.11.11.)

저녁놀

저녁놀은
황금빛 탐욕이자
불꽃의 마지막 탄식이다

짧아서 더 아름답고
황홀해서 더 슬픈
희망의 몰락이다

환생해서 저 정도니
영영 소멸한다면
얼마나 더 아름다울까

죽어서 저처럼 아름답고
황홀할 수 있다면
죽은들 무슨 한이 있으랴

(2020.11.28.)

순천順天

명심보감明心寶鑑 천명편天命篇에서
순천자는 흥하고 역천자는 망亡이라 했다

이른 봄 따뜻한 날씨에 서둘러 꽃피웠다가
꽃샘추위에 얼어서 꽃 떨어지면 역천일까

늦가을 따뜻한 날씨에 끝까지 푸르다가
갑작스런 추위에 단풍도 들지 못하고
잎 떨어지면 역천일까

고려 말 충신은 역천해서 망했고
조선 건국공신은 순천해서 흥했을까

쿠데타에 성공한 자는 흥했으니 순천자이고
반대한 자는 망했으니 역천자일까

성공하면 흥하고 실패하면 망하니
흥한 자가 순천자고 망한 자가 역천자일까

흥망이 순천順天여부를 결정하고
순천이 성공여부에 달렸다면
보감이 틀렸을까 세상이 치매일까 (2020.11.03.)

겨울나무

겨울만 되면 상록수와 침엽수만
신념과 지조를 지키며 겨울에 맞설 뿐
다른 모든 나무는 스스로 발가벗고
죄도 없이 죄인이 되어 얼차려를 한다

혹한과 풍설이 횡포를 부릴 때면
사시나무 떨 듯 온 몸을 떨면서
고통과 두려움에 소리쳐 울 뿐
어떠한 저항도 변명도 하지 못하고
고통을 참고 견딜 뿐이다

겨울나무는 해마다 고통을 반복해도
이전의 고통은 언제나 잊어버리고
오로지 다음 해의 봄만 기다린다
내일에 속고 사는 인간들의 삶처럼

무전유죄하고 유전무죄한 세상에서
어쩔 수 없이 굴종할 수밖에 없는
민중의 삶처럼

(2020.11.27.)

결실結實

도로 가에 가로수로 심어진 감나무
잎이 다 떨어진 가지에 주렁주렁 매달린
노랗게 익은 탐스러운 감
보는 이마다 '아! 가을' 연발하는 감탄사

이른 봄에는 꽃이 떨어져야 열매를 맺고
가을에는 잎이 떨어져야 노랗게 익는 감
꽃과 잎의 희생으로 완성된 결실
한 해 동안의 시련과 대가를 생각하면
아름다움보다 오히려 숙연함이 앞선다

이 세상에는 공짜란 없다
모든 결과에는 반드시 대가가 따른다
의미 있는 삶의 결실을 위해서는 누구나
고통과 노력이란 대가를 지불해야하는 것도
어쩌면 인생의 당연한 이치가 아닐는지

(2020.10.07.)

실망失望

인생은 언제나 기대와 실망이 교차하지만
기대 없는 실망도 실망 없는 기대도 없어
실망은 동전의 양면같이
기대와 비례하여 커지거나 작아지는
기대의 사생아 기대의 반려자다

기대가 있어서 그 만큼 행복하고
기대가 무너져서 그 정도로 실망한다면
기대는 커야 할까 작아야 할까

기대는 항상 분수보다 크기 때문에
분수를 알고 분수에 맞게 기대해야
실망도 줄어든다

며칠 동안 시 한편 쓰지 못해 안달해도
등단하기만을 그렇게 바라던
분수와 초심을 돌아보면
실망은 줄고 만족은 커질 수 있을까?

(2020.11.23.)

정의正義

시비와 다툼이 끊일 날 없는
국가나 개인 사이의 분쟁

원인과 이유는 서로 다르지만
대부분 돈 때문에 생긴 일이면서도
모두가 정의를 위해서라 한다

멋진 겉포장과는 달리 속내에는
언제나 추악한 돈이 깔려 있고
해결도 마침내 돈이 책임진다

모든 다툼의 정의는 명분일 뿐
결국 돈으로 시작해서 돈으로 끝나는
정의의 탈을 쓴 또 다른 탐욕이다

(2020.11.15.)

11월을 보내며

맞으며 계획을 세우고
보내며 반성을 해봐도
이미 때가 늦어 매일이 어제 같은 나날
괜스레 계획하고 보내는 것이 번거롭기만 해서
지난달은 계획도 반성도 생략했는데
혹시나 했지만 역시나 마찬가지였다
그래도 11월의 마지막 날은 너무 섭섭하여
매번 속으면서도 혹시나 해서 반성하고
다음 달을 계획해 본다.

아프지 말고
슬프지 말고
애쓰지 말고
나태하지 말고
안타까워하지 말고
미워하거나 원망하지 말고
비우지도 더 채우려하지도 말고
분수에 만족하며 평강하자

세월은 내가 의도하지 않아도
모든 것을 저절로 이루고 어김이 없다 (2020.11.30.)

다움

다움은 진실일까 편견일까?
다움이란 있는 것이고
있어야 하는 것일까?

권력자는 겸손하고 대범해야 하며
부자는 너그럽고 베풀어야 하고
똑똑하고 잘난 자는 현명하게 처신해야
분수와 격에 맞고 그들답다 한다

가난한 자는 비굴하게 굽실거려야 하고
힘없는 자는 눈치나 살피며 아첨해야 하며
못나고 어리석은 자는 멍청하게 행동해야
그들다운 분수와 격에 맞다 한다

대범하고 너그럽고 현명함은
힘 있고 돈 있고 잘난 자들만의 몫이고
가난하고 힘없고 못난 자가 가지면
그들답지 못하고 안 되는 것일까?

다움에도 신분과 지위와 계층과
분수가 있는 것일까?
다움은 서로 다른 계층에게 갖는
기대와 편견과 독단은 아닐까? (2020.11.24.)

제3부

서방(백호)

인생이란?

인생은 여행이다

여행의 목적은
어떤 곳에 도착하는 것이 아니라
목적지에 가는 과정 자체다
여행은 과정이 즐겁고 행복해야
즐겁고 행복한 여행이 된다

인생은 목적이 서로 달라도
최종 목적지는 누구나 동일해서
인생의 행복여부도
달리기처럼 누가 먼저 목적지에
도착하는가에 달려 있지 않고
여행처럼 과정의 행복여부에 달려 있다

인생은 과정을 즐겨야 행복해지는
평생의 여행이다

(2020.10.26.)

지렁이

비온 후 골목길 이곳저곳에
널브러진 지렁이들의 사체

비가 올 것을 생래적으로
미리 아는 지렁이인데
왜일까?

미리 땅 밖으로 나와야
질식사를 면한다는 것만 알고
흙이 없는 아스팔트 구조물 위에
던져질 줄은 미처 몰랐던
제한된 능력과 지식이 치명적인
실수가 아니었을까

식자우환識字憂患이란 말처럼
얄팍한 자신의 능력과 분수를 과신하고
자만심을 가진다면 언제 어디서나
치명적인 패배가 기다리고 있는
인간의 삶처럼

(2020.10.12.)

참빗

빗은 도끼빗 얼레빗 꼬리빗 참빗 등
여러 종류가 있고 기능도 다양하지만
공통점은 아무리 난마처럼 얽힌 머리카락도
단숨에 가지런하게 정리할 수 있다는 것이다

그 중에서도 참빗은 머리털을 정리할 뿐만 아니라
그 밑에 엎드려 피를 빠는 이와 서캐를 단숨에
훑어내고 옛날 시어머니의 머리에서 이를 잡던
며느리의 수고를 덜어주었다

머리를 빗다가,
권력위에 군림하며 힘없고 약한 민중의
피를 빠는 이 같은 무리들을 한참에
시원하게 처리할 수 있는 참빗 같은 것이
있으면 참 좋겠다고 생각하다가

다만 참빗도 너무 자주 사용하면
이의 씨가 마르고
마침내 시어머니와 며느리의 소통조차
줄어들거나 초가삼간까지 태우지나 않을까
염려되기도 한다　　　(2020.10.18.)

괜스레

지는 꽃이 슬플까?
보는 사람이 슬플까?
꽃이 져야 열매를 맺는데

지는 해가 슬플까?
보는 사람이 슬플까?
해가 져야 달이 뜨는데

죽는 사람이 슬플까?
보는 사람이 슬플까?
죽어야 다시 태어날 수 있는데

슬퍼도 기뻐도
해와 달은 여전히 뜨고 지고
계절도 어김없이 바뀌는데

인간만이 괜스레
슬퍼하고 기뻐하는구나
하늘의 구름은 오늘도 떠가는데

(2020.10.15.)

가을

봄날처럼 꿈을 꾸고 꿈만 키우던
어린 시절에는 등화가친하는
독서의 계절로만 알았고

혈기가 방장하던 시절에는
짝짓기하며 비상하는 고추잠자리와
꽃보다 붉은 단풍의 아름다움만 환호했고

장년에는 귀뚜라미 소리의 애절함보다
무엇인가 좋은 결과를 내야하는
결실의 계절로만 알았지만

계절을 넘어 그 끝을 보는 나이가 되면
아름다운 단풍이나 튼실한 열매보다
삶의 고통이 아롱진 낙엽 하나가 먼저
가슴 속으로 굴러들어 오는 가을

지구는 여전히 돌고 계절은 어김없어도
억새꽃과 단풍이 아무리 멋지고 붉어도
허망한 것은 허망한 것이고
쓸쓸한 것은 쓸쓸한 것일 뿐 (2020.10.27.)

나이

세상에 어떤 것도 공짜가 없듯
나이도 그냥 공짜로 먹는 것은 아니다

모진 세파와 풍상을 겪다 보면
외모는 철지난 모시 적삼처럼
후줄근하게 변할지 모르지만

세월의 흐름 속에 모난 돌이
파도에 단련되어 저절로 몽돌이 되듯
누렇게 잘 익은 호박이 주름진
가슴 속에 황금의 궁전을 짓고
잘 영근 수많은 생명을 품듯

나이는 세월을 낚던 태공망이 아니라도
저절로 경험과 지식이 쌓이고
세상을 대하고 보는 태도와 지혜와
안목이 높아져서 묵을수록 매워지는 생강이나
늦가을의 모과처럼 향기가 짙어진다

세월이 헛되이 흘러가는 법이 없듯
나이도 공짜로 그냥 먹는 것은 아니다 (2020.10.16.)

낙엽 쓸기

가을철 활엽수가 많은 실외에서
낙엽을 쓰는 것은 큰 일이 된다
특히 빗방울이라도 조금 떨어진 날은
작은 타이탄 마당 빗자루로는
땅에 붙은 낙엽을 쓸기가 더 어렵다

대나무 빗자루로 쓸어보면 단숨에
시원하게 모든 나뭇잎들이 한 쪽으로
쓸려가며 절간 마당에 남아 있는
빗자루 자국처럼 나뭇잎이
가지런하게 정리 된다

쉽게 정리 되는 재미에 이곳저곳을
쓸다가 보면 불현듯 이 세상에도
권력다툼으로 세상을 시끄럽게만 하는
정상배들을 단숨에 쓸어버릴 수 있는
대나무 빗자루 같은 것이 있으면
참 좋겠다 하고 생각해 보기도 한다
제 분수도 모르고서

(2020.10.19.)

밥투정

옛날에는 못 먹어서 굶어죽는 아이는 있어도
안 먹어서 굶어죽은 아이는 없었는데
요즘 아이들은 끼니마다 어미가 밥그릇 들고
한 시간 이상 따라다니며 사정하고 위협하고
애걸해도 도무지 밥을 잘 안 먹는다

며칠 굶긴다고 죽지는 않을 것이니
차라리 굶겨보라고 말은 하지만
예쁜 구슬처럼 작고 여린 자식이
밥도 잘 안 먹고
체구도 다른 아이들보다 작다면
어느 부모가 안타깝고 애달프지 않겠는가

다만 인생의 성패와 승패가
수요장단과 신체의 대소에 달려있지 않다면
자식에게 밥 한술 더 먹이려 애쓰기보다
차라리 능력과 지혜를 키우도록
회초리를 한 번 더 드는 것이
자식 위한 부모의 진정한 사랑이 아닐는지

(2020.10.03.)

겸손

사람은 누구나 자신의 능력을
과신하거나 착각한 나머지
자신의 분수를 아는 사람도 드물고
남의 능력을 인정하는 사람은 더욱 드물다

소설 삼국지에서도 조조는 자신의 능력을
과신한 나머지 제갈공명을 얕보다가
전투마다 패배하고 후회했지만
자신의 능력과 분수를 알고 제갈량과의
싸움을 피하고 지키기만 했던 사마의 중달은
결국 공명을 이기고 최후의 승자가 되었다

인생의 성패도 자신의 능력이나 자만심의
크기에 따라 결정되는 것이 아니라
결국 상대의 능력을 인정하고
자신의 분수를 아는 겸손한 마음과
행동에 따라 결정 되는 것은 아닐는지

(2020.10.12.)

영축산 가을

파란 하늘에 곱게 몸을 씻은
울긋불긋 오색 단풍
하늬바람에 살랑살랑 춤추다가

자장암에서 금와보살 만나
16암자 돌고 돌며 명승가람 유람할 때는
하얗게 머리 센 억새꽃의 전송을 받으며
영축산 맑은 계곡물에 몸을 띄운다

통도사 은은한 쇠북소리 수미산을 흔들고
금강계단 급히 올라 백팔 배를 드릴 때는
막걸리 한잔에 단풍든 등산객도 옷깃을 여미고
단풍에 취한 영축산은 또다시 합장한다

(2020.10.31.)

한글날

세종대왕께서는 상하좌우로 원활하게
서로 소통하라고 한글을 창제하셨고
한글이 세계에서도 가장 체계적이고
합리적이며 쉬운 글이라고 모두 칭찬하는데
무슨 까닭인지 요즘은 좌우는 물론 상하로는
전혀 소통이 되지 않는 것 같다

위에 있는 사람들은 천상의 말만 사용하는지
자기들끼리만 요란하게 소리치고 다투면서도
백성들이 외치는 우리말은 전혀 들리지 않는지
아니면 들리기는 해도 알아듣지 못하는지
그것도 아니면 알아들은 체하기가 싫어서
천상의 언어로만 대답하고 무시하는 것인지
백성들도 그들 말을 전혀 이해하지 못한다

혹시 높은 데 군림하는 사람들은
한글이 어려워서 제대로 배우지도
알지도 못하는 것이라면
서로의 소통을 위해서라도 백성들이 오히려
높은 사람들을 다시 가르치거나
세종대왕이 환생하여 한글을
새로 만들어야 하는 것은 아닐는지 (2020.10.09.)

모

모난 돌이 정을 맞는다 하여
모는 부정적인 것으로 인식되지만
모난 돌은 성벽을 쌓을 수 있어도
둥근 돌만으로는 성벽을 만들 수 없듯
둥근 것은 둥근 대로 모난 것은 모난 대로
서로 다른 쓸모가 있다

둥근 돌을 쌓을 때는 모서리마다
반드시 모난 돌을 받쳐야 가능하듯
둥근 돌과 모난 돌은 서로
모순의 관계가 아니라 조화의 관계다

모는 세월 속에 언젠가는 둥글어질 수 있지만
둥근 것은 깨어져 다시 모가 났다가
마침내 다 같이 먼지가 되고 마는 것처럼
인간관계도 상대적일 수는 있어도
모순의 관계나 필요 없는 존재는 없다

(2020.10.19.)

까탈스러움

까탈스러움과 관대함은 상대어지만
인간관계나 인격의 측면에서는
너그러움이 더 긍정적인 평가를 받는다

새로운 과학문명의 창조 등에는
두루뭉술한 너그러움보다
스티브잡스처럼 별스럽고 까탈스러운 성격이
오히려 더욱 특별한 업적을 낳기도 한다

못난 사람은 자기에게는 관대하고
남에게는 까탈스럽지만
잘난 사람은 자기에게는 까탈스럽고
남에게는 도리어 관대하고 너그럽다 한다

까칠한 밤송이와 매끈한 도토리가
각기 다른 쓰임새와 장단점이 있듯
너그러움과 까탈스러움도
용도와 방법의 문제일 뿐
일방적으로 어느 것을 폄훼하거나
백안시할 이유는 없을 듯

(2020.10.13.)

진실

울면 슬프고
웃으면 기쁠까
울면 불행하고
웃으면 행복할까

슬퍼서만 울고
기뻐서만 웃을까
행복해서 웃고
불행해서 울까

웃어서 행복해지면
울 사람 뉘 있으리

울든지 웃든지
오늘도 지구는 돌고
누구나 울고 웃으며
또 하루를 보낸다

(2020.10.15.)

인생살이

육지 길은 돌부리가 많고
바닷길은 암초가 많아 위험하다지만
지도와 해도가 있어서 조심만 하면
큰 문제나 어려움은 없다

인생길은 아무도 다 살아본 사람이 없기에
안내서마다 장님 코끼리 만지기 식이라서
캄캄한 밤에 육감만 믿고 약육강식의 정글을
건너가는 것과 같다

정글 속에는 암초도 돌부리도 보이지 않지만
곳곳에 함정과 덫이 놓여 있어서
아차하면 호사다마가 되거나
어쩌면 전화위복이 되고
어떤 결과도 시대와 상황에 따라
달리 해석 되고 평가되기도 한다

게는 옆으로 기고 두더지는 땅을 파고
땅 밑으로 기는 것이 최선이자 정상이듯
인생살이도 곁눈질하기보다 자신의
천분天分에 따라 자신의 방식으로
나름의 최선을 다하면 그뿐이지 않을까 (2020.10.17.)

칼로 물 베기

상대를 겁주기 위해서 칼을 뽑지는 마라
칼도 자주 뽑으면 상대가 비웃는다

부부 싸움은 흔히 칼로 물 베기라 한다
흔적은 보이지 않지만
물도 자주 베면 아프다

칼은 위험하고도 치명적인 물건이니
조자룡의 헌 칼 쓰듯
함부로 품지도 갈지도 말고
특히나 함부로 뽑지도 쓰지도 마라

비온 후에 땅은 더 굳어진다 하지만
물이 마르면 땅에 금이 가듯
금이 간 사기그릇은 머지않아 깨어질 뿐
다시 붙지는 않는다

(2020.10.24.)

번뇌煩惱

망상은 번뇌를 낳고
번뇌는 또 다른 번뇌와 망상을 낳기에
지금 닥치지 않은 불행을 미리 끌어와서
괴로워할 필요는 없다

뜬구름이 아무리 야단스러워도
큰 바람 한방이면 금방 사라지듯
바람도 지나고 나면 흔적도 없어지고
어둠은 짙을수록 새벽이 빨리 온다

미래의 행복을 위해 현재를 불행하게
하는 것은 인생 전체를 불행하게 할 뿐
현재가 있어야 미래가 있고
현재가 행복해야 미래도 행복하다
내일 때문에 오늘 괴로워하지는 말자

(2020.10.22.)

가을 단풍

태초부터 봄꽃이나 여름의 녹음이나
가을의 홍엽이나 겨울의 설산이
언제나 만인의 가슴을 설레게 했지만

어떤 문인도 다른 사람이
더 이상 다시 노래할 수 없을 만큼
계절의 특성이나 아름다움을
다 말하거나 노래하지는 못했다

계절의 아름다움도 시대와 사람에 따라
각자 다르게 느끼고 받아들인다
어느 시대 어떤 사람이라도
계절마다의 특징과 아름다움을
저마다 노래할 수 있고 또 해야 한다

어느 누가 다른 사람의 가을 감정과
예찬하는 가을 단풍의 아름다움을
흉보거나 폄훼할 수 있으랴
가을을 사랑하고 안타까워하는 모든 이여
다 함께 가을을 노래하고 단풍을 찬미하자

(2020.10.08.)

선경仙境

경치가 신비하고 그윽하면 선경이라 하고
그곳에는 신선이 산다고 한다
선경이라서 신선이 산다면
만화방창한 봄이나 만산홍엽의 가을에는
우리 모두는 이미 신선이다

온갖 꽃들이 울긋불긋 산하를 장식하는 봄
온갖 단풍이 천지에 가득한 가을
크고 작은 산새들조차 계절마다
앞 다투어 짝을 부르며 노래한다면
이 세상 어디인들 선경 아닌 곳이 있으랴

세상은 선경인데 신선이 보이지 않는 것은
선경이라서 신선이 사는 것이 아니고
신선이 살아야 선경이 되기 때문은 아닐까

(2020.10.06.)

제4부

남방(주작)

탈속脫俗

하루 종일 혼자 있어도 외롭지 않고
말 한 마디 건넬 이 없어도 답답하지 않고
누구도 연락하지 않아도 궁금하지 않고
아무도 찾아오는 이 없어도 섭섭하지 않고

아무도 만날 이 없어도 고독하지 않고
누구도 볼 수 없어도 그립지 않고
남이 몰라주어도 원망하지 않고
잘났다고 칭찬해도 우쭐대지 않고

기뻐도 웃지 않고
슬퍼도 울지 않고
하늘이 무너지고 땅이 꺼져도
못 보고 못 들은 체하며

제 흥에 겨운 새소리만 들어도 즐겁고
산마루에 지나가는 구름만 봐도 기뻐서
혼자 사는 것이 오히려 편하다 생각되는
그런 삶은 없을까
그렇게 살 수는 없을까

(2020.09.03.)

지상의 언어

인기 있는 유명 시인의 시를 읽을 때는
무엇인가 배우고 익히려 애를 써보지만
가끔은 너무 어려워서 도무지 이해 할 수가 없고
무슨 말인지조차 알 수도 없어
무식하고 못난 나 자신을 안타까워하다가

유명 시인들의 신의 계시 같은 천상의 언어를
지상의 언어이자 일상적인 인간의 언어로
그렇게도 맛깔스럽게 해석해내는 평론가들의
기적 같은 평설에도 놀라 박수치고 경배하며

읽고 또 읽어도 천상의 언어는
여전히 쉽게 이해할 수가 없고
해석된 언어도 너무 현학적이어서
도무지 접근조차 어렵다는 부끄러운 자각에
지상의 언어로만 시를 쓰는 나 같은 사람은
시인도 아니라는 자괴감을 느끼지만

시는 누구나 쉽게 읽고 즐길 수 있어야 한다는
문학의 기본적인 원리와 이론에 이르러서는
시류를 벗어나 지상의 일상적 언어로만 쓰는 시가

오히려 개성적이며 대세는 언제든지 바뀔 수 있다는
불손한 생각이 불쑥 일어나는 것도
금단의 문을 열지 못하는
무식한 시인의 불경한 편견에 불과한 것일까

(2020.09.27.)

점정點睛

토요일인 줄도 모르고
평소처럼 일찍 일어났다
밤중에는 달이 밝았는데
창밖에는 비가 내리고 있다

이유도 모르고 식탁에서 고기를 구워
아침을 푸짐하게 먹었다
할 일도 없고 해야 할 일도 없어
사과 껍질만 중간에 끊어지지 않게
끝까지 조심스럽게 깍은 후
커피도 마시고 후식도 먹었다
여전히 비가 내리고 있다

TV 채널을 이리 저리 돌리다가
무료하여 커피를 또 한 잔 마신다
코로나가 없어도 비가 오지 않아도
갈 곳도 없고 올 이도 없지만
괜스레 날씨와 시절만 탓한다
창밖에는 아직도 비가 내리고 있다

며칠째 한편의 시상도 떠오르지 않아
자신의 무능과 못남을 부끄러워하다가
용의 그림도 마지막 점정이 중요하듯
인생도 마지막이 중요하다는 생각에
온갖 망상만 시계추처럼 피곤한데
우산도 없는 내 가슴속에는
진종일 비만 내린다

(2020.09.05.)

늙은 부부

어쩌다 서로 마주 볼 때는
상대의 머리에 내려앉은 서리를 보며
참 많이 늙었구나.
정말 안됐다 여기면서도

‘늙은 영감 하는 일도 없이
꽁무니만 쫓아다니며
하루 세끼 때만 되면 배고프다 노래하니
못난 영감 밥만 축내는 식충인가
차라리 잘 때 다리를 얹을 수 있는
다리베개가 더 낫겠다’

‘늙은 할망구가 밖으로만 나돌고
집안일은 나 몰라라
남편은 눈에도 안 보이니
무식한 할망구 바람난 멍멍인가
차라리 여름철에 안고 자는
죽부인이 더 낫겠다’
서로 불평불만 하다가

어느 날 거울을 볼 때
자신의 늙은 모습에 놀라
서로 엄지를 치켜세우며
'역시 뚝배기보다 장맛이야'
'역시 묵은지가 최고지' 하면서
자신의 분수를 깨닫는다

(2020.09.09.)

항심恒心

쓸데없는 것이 덧붙으면 사족이요
필요한데 부족하면 결핍이요
장단이 서로 맞지 않으면 낭패다

늙어서도 욕망을 버리지 못하면 노탐이고
젊어서도 야망이 부족하면 졸장부고
매일 무위도식해도 즐거우면 못난이다

대책도 없이 비판만 잘하는 자는 허풍쟁이고
대책이 있어도 말하지 못하는 자는 비겁자고
무조건 순종하고 따르는 자는 무식한 자다

늙을수록 항심은 지키되 장단도 맞추고
욕심은 비우되 삶의 목표는 지키며
할 말은 하면서도 더불어 사는 삶이
잘사는 삶이 아닐까

(2020.09.03.)

스승과 제자

스승 없는 제자 없고
제자 없는 스승도 없듯

범 아비에 개아들이 없고
개 아비에 범아들도 없다

훌륭한 스승 밑에 뛰어난 제자가 있었고
뛰어난 제자 위에 훌륭한 스승이 있었지만

오늘날은 훌륭한 스승도 드물고
청출어람 하는 제자는 더욱 드문 것은

스승과 제자도 각자도생만을 위해
서로가 서로를 수단으로만 생각할 뿐

지식을 팔고 사는 스승과 제자는 있어도
인간을 만드는 스승이 없기 때문이거나

학문이 학문을 위한 학문이 아니라
생활을 위한 수단적 학문으로
전락했기 때문은 아닐는지 (2020.09.14.)

흔적

이 세상 모든 존재는
자신의 흔적을 남긴다
몰래 온 밤이슬도
풀잎에 물방울을 남기고
보이지 않는 귀신도
마음속에 두려움을 남기듯

흔적은 존재의 자취이자 의미다
모든 동식물은 열매와 후손을 남기고
코로나바이러스조차도 후유증을 남긴다

바람직한 자취와 흔적은
자랑스러운 역사가 되지만
부정적인 자취는
오히려 후손에 부끄럽다

눈길을 걸을 때는
발걸음조차 조심해야 하듯
인간의 일상적인 삶도 마찬가지 아닐까

(2020.09.20.)

기대

내일에 속고 사는 것이 인생인 것처럼
기대는 힘들고 고통스러운 현실을 넘어서는
힘의 원천이자 삶의 이유이지만
마침내 실현되거나 현실이 되었을 때는
금방 그 힘과 가치를 잃고 만다

강물은 태어나면서부터 바다를 향해
끊임없이 굽이치고 휘돌아 달리면서도
지치거나 멈추지 않는 것은 언젠가 바다에
도달할 것이란 기대가 있기 때문이지만
막상 바다에 닿고 나면 그 뿐
단숨에 맥이 탁 풀어져 기운을 잃고 만다

폭염과 태풍과 홍수와 코로나19로 얼룩진 여름
하루 빨리 시원한 가을이 오기를 기대하지만
선선한 가을도 오고나면 그 뿐
또 다른 계절을 기대할 뿐이다

기대는 기대일 때 힘과 가치가 있는 것이지
기대가 실현되거나 현실이 되었을 때는
그냥 현실일 뿐 새로운 기대가 없다면
어떤 힘이나 가치도 잃고 마는 그런 존재다
인간이 꾸는 꿈처럼 (2020.09.16.)

삶의 태도

꽃이 피면 기뻐하고
만나면 즐겁고
태어나면 환호한다
피면 지고 만나면 헤어지고 나면 죽는 것을
모르는 것은 아니지만

꽃이 지면 슬퍼하고
헤어지면 서럽고
죽으면 낙담한다
져야 열매를 맺고 헤어져야 다시 만나고
죽어야 윤회하는 것을 모르는 것도 아니지만

기쁘고 즐거운 것은 기쁘고 즐거운 것이고
슬프고 서러운 것은 슬프고 서러운 것일 뿐
기쁠 때 슬퍼하고 즐거울 때 서러워해도
피는 꽃은 피고, 지는 해는 질뿐인 것을

슬플 때 슬퍼하고 기쁠 때 기뻐하는 것이
오히려 슬픔과 서러움은 줄이고
기쁨과 즐거움을 늘이는 방법일 뿐
억지로 참고 견딘다고 달라질 것은 없다
순리대로 사는 것이 자연의 섭리가 아닐까 (2020.09.18.)

강호江湖

강호는 은자나 시인, 묵객 등이
현실을 도피하는 시골이나 자연이기도 하고
'인간 세상'의 비유적인 말이기도 하지만
실제로는 사람의 마음을 뜻하기도 한다

마음먹기에 따라서 자신이 사는 곳이
현실을 도피하는 강호가 될 수도 있고
끝없는 다툼으로 온갖 희로애락이 점철된
세속이 될 수도 있기 때문일 것이다

사람들은 세속에 살면 강호를 동경하고
강호에 살면 세속을 그리워하면서도
세속이나 강호를 쉽게 떠나지 못하는 것도
일상의 일탈을 꿈꾸는 마음일 뿐이거나
이미 둘이 하나임을 알기 때문일 것이다

세속에 살면서도 마음을 강호처럼 하고
강호에 머물면서도 세속처럼 생각한다면
강호 아닌 세속과
세속 아닌 강호가 어디 있으랴
세속과 강호는 둘이면서 하나이고
하나이면서 둘인 동시에
언제나 내 마음속에 있을 뿐인 것을 (2020.09.30.)

그곳

모든 수컷의 삶의 이유이자 굴레인 그곳
크지도 작지도 깊지도 험하지도 않지만
한 번 빠지면 패가망신하지 않은 자가 없고
들어갈 때마다 살아서 나오는 자도 없으며
수컷이라면 누구나 목숨을 걸고 뛰어드는 그곳

비 오는 날 산 고개를 넘다가
비에 젖은 누이의 젖가슴을 보고
끓어오르는 욕정을 이기지 못한 남동생이
천륜을 어기지 못해 자신의 그곳을 스스로
돌맹이로 쳐서 죽어가는 것을 보고
누이가 '달래나 보지' 하며 안타까워했다는
전설이 있지만 달라고 했다면 뭐가 달라졌을까

그곳에 빠지면 잠시의 짜릿함 뒤에
더 큰 허무와 아쉬움만 남지만
지푸라기를 들 힘만 있어도
수컷은 끊임없이 추구하고
치명적임을 알면서도
불나방처럼 뛰어들게 되는 것은
종족보존을 위한 인간의 본능이자
조물주의 섭리가 아닐까

그곳은 너무 가까이하면 평생의 지위도 명예도
한 순간에 무너지고 함몰되는 것을 알지만
적당한 절제는 쉽고도 어려워서 누구도 당당하게
초월할 수 있다고 말할 수 없는 음부陰部
수컷의 영원한 동경이자 나락의 구렁텅이여!

(2020.09.29.)

왜, 어떻게 살 것인가

왜 사는가?
어쩌다 본의 아니게 태어났을 뿐
왜 태어났는지 그 이유를 알거나
태어나고 싶어서 태어난 사람도 없어
왜 사는지 그 이유를 알고 사는 사람도 없지만
스스로 소명의식과 삶의 이유와 목표를
만들고 세우며 그것을 이루기 위해서 살뿐이다

왜 못 죽는가?
이유도 모르고 어쩌다 태어났지만
죽는 이유도 모르고 죽을 수는 없고
죽는 것이 사는 것보다 쉽지도 않고
죽는다고 해결되는 것도 없으며
때가 되면 저절로 죽게 되는 것을
억지로 앞당겨 죽을 이유도 없기 때문이다

어떻게 살 것인가?
선인들은 단사표음에 곡굉이침지라도
대장부 살림살이 이만하면 족하다 했는데
지금은 언제나 배불리 먹고 넓은 방에
베개를 높이 베고 편안하게 누웠으니

욕심을 줄이고 안분지족하면 그 뿐
그래도 괴롭고 힘들다면 아래를 보며
나누고 베풀면서 살면 족하지 않을까

(2020.09.26.)

분수分數

아무리 잘 나도 하늘 아래
아무리 못나도 땅 끝일 뿐

진실로 잘 난 자는 잘 났다 하지 않지만
못 난 자만이 자신이 잘 난 줄 착각한다

잘 난 자는 가만히 있어도 저절로 잘 나고
못 난 자는 소리칠수록 더욱 못나게 된다

잘나고 싶으면 스스로 갈고닦아 자신을 빛낼 뿐
소리칠 필요도 없고 자랑할 필요도 없다

분수는 정해져 있는 운명 같은 것
노력만큼 빛낼 수는 있어도 바꿀 수는 없다

분수를 모르고 소리치고 외친다면
더욱 초라하고 추하게만 될 뿐

(2020.09.27)

행복

인간의 삶은 상대적인 것일 뿐
짧은 것도 긴 것도 아니다

과정 없는 결과도 없고 결과 없는 과정도 없듯
결과만 중요한 것도 과정만 중요한 것도 아니다
과정이 좋다고 결과가 반드시 좋은 것도 아니고
결과가 좋다고 과정이 다 좋은 것은 더욱 아니다

좋은 결과를 기대하며
현재에 최선을 다해서 현재가 즐겁고 행복하면
현재가 모여 과정이 되고
결과는 저절로 행복하게 되는 것일 뿐

결과를 위해 과정을 희생하거나
과정을 위해 결과를 미리 짚어보지 않는다면
어떤 것도 결코 행복한 삶이 될 수는 없다

사람은 누구나 행복한 삶을 희망하지만
네 탓 내 탓하며 눈 흘기고 삿대질하며
서로 배려하고 양보하지 않는다면
행복은 딴 세상의 뜬소문이 되지 않을까 (2020.09.26.)

인간의 삶

자연은 세상 만물을 품어서 기르지만
적자생존과 약육강식이란 과업을 부과하여
모두에게 친절하거나 호의적이지도 않고
누구를 특별히 미워하거나 싫어하지도 않는다

지난해는 태풍이 발생해도 대부분
일본 열도를 휩쓸고 지나가서 안심했는데
올해는 태풍마다 우리나라 쪽으로 올라와서
고통조차 균형을 맞추는 듯하다

계절도 기다리고 안달이 나 애태우거나
몸서리치고 지쳐서 지겨워하거나
즐겁고 상쾌해서 사랑하거나
성가시고 고통스러워서 싫어할지라도
언제나 때가 되면 어김없이 오고가듯

자연의 산물인 인간의 삶이나 인간관계도
자연의 속성을 벗어나거나 다르지는 않다
다르게 보이는 것도 자신의 생존을 위한
처세이거나 방편일 뿐

지나서 돌아보면 모든 것은 도진개진
결국 자신의 분수대로 돌아가니
억지로 미소 짓거나 눈 흘길 필요도 없다
마음 가는대로 신념대로 살면 그뿐

(2020.09.06.)

바리때

혼자만 쓰는 청결함
함께 나누는 평등함
배보다 정신을 채우고
둥글게 비우는 바리때

생명을 포용해서 나누어 베풀고
만족함과 탐착치 않음을 알며
원만한 선근善根을 위해
자아의 집착을 덜어주는
둥근 바리때

내 마음도
원만한 선근으로
비움과 채움이 하나 되어
비워서 가득한
바리때로 남기를

(2019.10)

그까짓 것

부정의 부정은 긍정이라 하지만
거짓의 거짓은 다른 거짓일 뿐이다

법 앞에 만인은 평등하다며
정적(政敵)의 죄는 끝까지 단죄하더니
똥 묻은 개는 겨 묻은 개를
나무라서는 안 된다면서
자신은 겨는 묻었을지언정
똥은 묻지 않았다한다

안 갈 수도 있는 군대를
누구는 나라를 위해서 갔는데
그까짓 휴가 며칠이 대수냐 한다
민중은 그까짓 것이 자존심인 줄도 모르고

뛰는 놈 위에 나는 놈 있고
나는 놈 위에 타는 놈이 있다지만
오십 보나 백보나 겨나 똥이나
더러운 것은 마찬가지인 것을

(2020.09.27.)

건망증

인간은 잊어야할 것은 잊지 못하고
잊지 말아야할 것은 잊어서
당황하고 괴로워하지만
치매는 잊어도 좋을 과거는 기억하고
현재만 자꾸 잊어서 고통을 당한다

엊그제 공원 벤치에 깜빡하고
선글라스를 벗어두고 온 것을
오늘 선글라스 쓰고 외출하려다
불현듯 생각났다
차라리 잃어버렸다는 사실조차
잊어버렸다면 더 좋았을 텐데
잊으려 해도 잊히지 않으니
건망증일까 치매일까

내 삶의 끝을 의미 있게 마감하고
내 의지대로 거두려면
나는 아직인데 벌써라 하니
어느 사이 나 자신조차도
잊어버리지나 않을는지

(2020.09.25.)

기부

자기에게 엄격하고
남에게 너그러운 자는 군자
자기에게 인색하고
남에게 넉넉한 자는 장자라 했다

코로나19로 죽겠다는 곡성이 도처에 낭자해도
부자는 눈썹만 찌푸릴 뿐 꿈적도 않고
졸부는 이참에 더 큰 부자가 되겠다고
매점매석을 일삼는데

평생 모은 쌈짓돈을 통째로 기부하는 영감
기초생활수급비를 아껴서 모은 푼돈을
부끄러워하면서 모조리 기부하는 할멈
이들은 천사일까 바보일까?

이기적인 생각으로 세상만 탓하던 나는
한심한 자신을 변명하고 합리화만 할 뿐
오늘도 길거리 난장에서 봄나물 캐다 파는
할머니에게 채소 값을 흥정한다

(2020.03.19.)

과거

성공했거나 실패한 사람의
지난 사연을 들어보면
구구절절 안타깝고
눈물겹지 않은 삶은 없다

아무리 빛나고 아름다운 태양도
지난밤의 어둠을 건너야 했고
아무리 화려하고 아름다운 봄꽃도
겨울의 차가운 시련을 이겨내야 했듯

성공한 인생에는 눈물겨운 사연과
고통 없이 일궈낸 성공도 없고
몰락한 인생에도 화려했던
과거가 없었던 인생도 드물다

인생은 과거를 묻지 말라했다
현재에 최선을 다한다면 훗날
아름다운 과거를 만들 수도 있지만
과거는 현재의 과장된 추억일 뿐
어떠한 현재도 미래도 만들 수 없다

(2020.05.20.)

제5부

북방(현무)

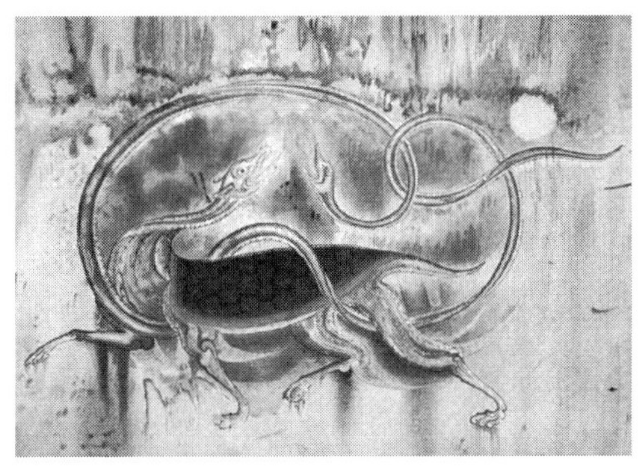

어정잡이

길짐승이 날기 싫어서
날개를 떨구고 기는 짐승이 없듯
사람도 날아오를 수 있는데
기는 것에만 만족하는 사람은 없다

날개는 달았으나 어정쩡해서
날지 못하는 타조나 닭처럼
하늘을 날 수도 땅 밑을 길 수도 없는
어정잡이만 끝없이 제자리 뛰기를 할 뿐

공부도 학문도 직장도
잘하려고 노력했지만 어중간했고
부자가 되려고도 했지만
가난뱅이만 겨우 면했고
문학작품도 잘 쓰려고 애를 썼지만
그저 그런 작품만 남길 수밖에 없다면

나도 제자리 뛰기만 하다가
결국 무릎관절 상해
절뚝거리는 어정잡이가 아닐까

(2020.05.26.)

생존의 비정함

나의 삶이 너의 삶에 유익하고
너의 삶이 내 삶에 도움이 된다면
서로가 서로를 위해 얼마나 다행일까

모든 동물은 살아남기 위해서
다른 동물이나 식물을 먹어야 하고
동물들끼리도 서로 잡아먹어야만 살 수 있는
비정한 약육강식과 생존경쟁의 세상

식물은 서로 잡아먹는 경우는 드물지만
기생식물과 남을 타고 오르는 덩굴식물도 있고
침엽수조차도 최대한 가지를 길고
넓게 뻗거나 높이 자라
자기만 햇빛을 많이 받으려 애를 쓴다

동물이나 식물이나 자신의 삶을 위해서는
다른 종은 물론 같은 종이라 할지라도
인정사정 돌아보지 않는다 인간들처럼

사는 것이 그만큼 가치가 있는 것인지
반드시 그렇게 살도록 만들어졌는지
아니면 조물주가 처음 창조할 때
실수를 한 것인지 알 수는 없지만 (2020.08.31.)

탓과 덕분

여름철의 땡볕더위와 장마
겨울철의 혹한과 꽃샘추위도
관점과 입장에 따라 장단점과
호불호와 탓과 덕분으로 나뉘듯

이 세상 만물도 본질은 하나지만
받아들이는 입장과 관점에 따라
결과를 망치게 한 원인이 되기도 하고
희망을 이루게 한 계기가 되기도 한다

탓과 덕분도 결국 자신의
입장과 관점의 차이일 뿐
변명이 필요한 젊은 시절은
모든 잘못이 남 탓으로만 보이지만
종심을 넘기면 모든 것이 내 탓이고
남 덕분으로만 여겨지는 것도
어쩌면 나이가 인간에게 주는
최상의 선물은 아닐는지

(2020.08.04.)

처세

인간의 등산로를 가로질러 그물을 친 거미
당랑거철은 용기가 아니라 만용일 뿐이며
마침내 자신을 망친다는 것도 모르는 듯

인간의 등산지팡이에 아침마다 혼이 나지만
오히려 인간을 이기겠다는 심산인지
밤이면 지친 몸을 이끌고 또다시 줄을 친다

등산로를 비껴서 다른 곳에 줄을 쳤다면
오히려 인간의 칭찬과 사랑을 받을 텐데
고집 부린다면 마침내 당랑규선*이 되는 것을

방위 봐가면서 똥싼다는 말처럼 인간도
자신의 분수를 알고 분수에 맞게 행동하면
돌아가거나 후퇴도 처세가 될 수 있지만
넘치면 당비당거*의 화가 기다리는 것을

(2020.08.28.)

*당랑규선(螳螂窺蟬) : 눈앞의 이익에만 정신이 팔려 뒤에 닥친 위험을 깨닫지 못함을 이르는 말.
*당비당거(螳臂當車) : 사마귀의 팔뚝이 수레를 당(當)하다는 뜻.

거름

거름은 식물을 위해 땅을 기름지게 하고
기운을 북돋우기 위한 물질이며
이 세상의 온갖 것들로 만들어지지만
거름이 되는 과정은 그렇게 만만치 않다

완전히 썩으면 더러운 냄새도 없고 유익하지만
잘 썩지 않고 원래의 성질을 지닌 거름은
독성이 있어서 식물에게 해롭고 다 썩을 때까지
악취만 풍길 뿐 제대로 된 거름이 될 수가 없다

잘 썩어서 거름다운 거름이 되는 과정은
재료에 따라 조금씩 차이는 있어도
어떤 재료든지 완전히 다 썩을 때까지는
풍기는 악취를 참고 기다리는 인내가 필요하다

사람도 누구나 자식을 위해 거름이 되고자 하지만
오히려 자식을 망치는 경우가 더 많은 것은
독성이 다 빠질 때까지 자신을 먼저 썩히는
숙성과 기다림의 과정이 부족한 때문은 아닐는지

(2020.08.24.)

인생회고

우연히 태어나 온갖 풍상으로 점철된
인생 칠십년을 돌아보니
어떻게 살아야 하는지도 모르고
목숨 걸고 추구할 인생목표도 없이
세상이 정글인지 늪인지도 모른 채
무작정 강호에 던져졌다

세상에서는 호구가 되어 어떤 일도
자신의 신념과 의지대로 추구하지 못하고
남이 시키는 대로 엄벙덤벙 어물쩍 지내다가
어리버리 치이고 부딪혀서 엎어지고 자빠지며
허허실실로 적당하게 현실에 안주하면서
어영부영 세월만 보냈다

글쓰기도 능력을 가늠해보지도 않은 채
혹시나 하고 도전했다가 우연히 등단했고
출간된 몇 권의 수필집과 시집조차도
어정쩡할 뿐 유명 서적은 한 권도 없다

내 삶은 결국 본의 아니게 세상에 나와
모든 일을 엄벙덤벙 어물쩍 넘기면서

어영부영 살다가 늘그막에 어쩌다가
어정쩡한 작가가 되어 적당하게 눈치보고
세월만 낭비하며 어리버리 산 것 같다

(2020.07.15)

처서處暑 유감有感

올 여름은 장마가 역대급이었고
처서에도 까마귀 대가리가 벗겨질 만큼
불볕더위도 맹위를 떨쳤지만
때가 되니 여름은 예년과 다름없이
아침저녁으로는 옷깃을 여미다가
스스로 가을 앞에 무릎을 꿇었다

세상일도 당시에는 언제나 가장 좋거나
나쁘다고 생각하지만 시간이 지나서 보면
결국 모든 것이 그저 그렇고 그런 것처럼
날씨도 해마다 사람들은 역대급이라고
아우성치고 야단을 떨지만 매년이
지나고 보면 그저 그렇고 그런 해일뿐

우리의 인생도 날씨처럼 매일이
역대급이고 변화무쌍하며
성공과 실패 환희와 좌절이 교차하지만
지나고 보면 도진개진 다 그렇고 그래서
갈 때는 다함께 갈 뿐인 것을

(2020.08.23.)

일상日常

아침에 기상했다
아침밥 먹었다
일없이 빈둥대었다
점심밥 먹었다
일이 없어 짜증내며 빈둥대었다
저녁밥 먹었다
허무한 하루를 탄식하다가
잠자리에 들었다
메비우스의 띠처럼
오늘이 어제 같고 내일도 오늘 같을 일상

“생필품을 사거나 병원 가는 일 외에는
외출하지 마시고 집에만 머무세요”

코로나19의 예방이란 명분으로
끊임없이 전달되는
중앙재난본부의 휴대폰 문자만이
다람쥐 쳇바퀴 돌리듯 하는 내 일상에
오히려 정당성을 부여해주고
빈둥거리는 내 삶의 체면을 살려주는
몸보다 마음이 더 무거운 나날 (2020.08.19.)

매미 소리

무더운 한여름 밤잠을 설치게 하는 매미소리
7년여의 땅 밑 생활을 청산하고 우화한 기쁨을
단숨에 내뿜는 우렁찬 환희의 노래 소리

그 소리가 사랑의 세레나데든 과업 수행의
수단이든 울어서 해결될 일이 아니라면
너무 시끄러운 울음소리일 뿐이지만

하루살이가 하루 만에 평생과업을 완수하듯
매미도 수놈이 보름동안 울어서 후손 유전이란
평생과업을 완수하고 연어처럼 미련 없이 죽는다

인간도 후손을 남기는 일 외에 할 일이 없다면
임무가 끝난 후에도 시끄럽게 울고 웃는 것이
매미나 하루살이보다 현명한 삶의 방식일까

인간은 후손을 낳기 위해서도 살지만
역사와 문화를 남기기 위해서도 살기에
미물인 곤충과 그 삶을 단순 비교할 수도
해서도 안 되는 그런 대단한 존재일까

(2020.08.15.)

옛날 다방

커피는 그냥 커피일 뿐이었던 옛날 다방
음악 감상실이자 데이트와 맞선 장소로서
만남과 이별과 사랑이 이어지던 사랑방
노회한 중년의 마담이나 예쁜 레지lady
미스박 미스리와도 낭만이 있던 휴식 공간

지금은 에스프레소 아메리카노 카페라떼 등등
다양하고 특별한 커피가 그냥 커피를 대신하고
휴식 공간이나 사랑방이나 아지트 대신
독서실이나 takeout이 대세가 되면서
그 명성과 역할도 카페cafe로 넘어갔지만

아직도 옛날의 향수를 잊지 못하고
입만 회춘한 칠팔십 대의 늙은 영감들
몇 남지 않은 허름한 옛날 다방에 앉아
마담 겸 주모로 변한 늙은 여자와
회춘의 눈길과 손길을 주고받을 때
옛날의 달걀노른자 띄운 쌍화차 대신
돈이 되는 맥주잔을 서로 부딪치며
오늘도 그 옛날 빛바랜 추억을 소환하고 있다

(2020.08.20.)

오늘

내일은 오늘을 사는 이유이자 근거다
내일이 오늘과 별반 달라질 것은 없어도
오늘과는 달라져야 하고 달라질 것이란
막연한 기대감으로 내일에 속으며
오늘의 고통과 시련을 넘어서기 때문이다

어제는 오늘의 존재 이유와 근거였지만
오늘이 없으면 존재할 이유가 사라지는 것이고
오늘은 내일의 존재 이유가 되기도 하지만
내일이 없어도 존재하고 해야 하는 것이기에
오늘은 내일을 위해 존재하는 것만은 아니다

오늘이 있어야 어제와 내일이 존재하고
오늘을 위해 어제와 내일이 필요한 것이라서
오늘을 잘 살아야 어제의 이유가 실현될 수 있고
내일의 기대도 기대할 수가 있게 된다

진정으로 어제나 내일을 위한다면
오늘은 어제나 내일을 탓하거나 핑계대지 말고
오늘을 위해 오늘 최선을 다하고 후회 없는
오늘을 사는 것이 내일을 위한 삶이 아닐까

(2020.08.16.)

기다림

삶이란 기대로 시작해서
기다림으로 끝이 난다

젖먹이는 배고파서 어미를 기다리고
어린이는 어른이 되기를 기다리고
젊은 암수는 짝을 찾아 서로 기다리고
늙은 부모는 자식의 방문을 기다린다

사람은 누구나 오마지 않은 것도
오지 않을 것도 올 수 없는 것도
와서는 안 되는 것조차도
미생이 사랑하는 연인을 기다리듯
무작정 막연히 기다리고 또 기다린다

기다려야 해서도 기다리고
기다릴 필요가 없어도 기다리고
기다리기 위해서도 기다리고
원인과 이유가 없어도 기다리고
기다릴 것이 없어도 기다리고
기대가 끝날 때까지 기다린다

기다림은 언젠가 실현될 희망이기에
기다림은 기다림이 있어서 행복하다 (2020.08.07.)

연어의 수정受精

귀소본능이 있어 수구초심하는 인간들처럼
모천으로 회귀하는 습성을 지닌 연어들
마침내 낙동강에 돌아와 그들의 조상들이
했던 것처럼 최초이자 최후의 수정을
마친 후 장렬하지만 미련 없이 죽는다

종족보존과 추원보본과 위대한 수정을 위해
삼 년여 동안 몇 만km의 목숨을 건 항해 후
귀향할 때는 수천대일의 경쟁을 뚫고 몸은
만신창이가 되어도 깨끗한 알을 낳기 위해
강 하구에서부터 배설도 하지 않고
아무리 배가 고파도 먹이조차도 먹지 않는다

목적지에 도착해서는 암컷이 알을 낳으면
수놈은 평생의 힘을 모아 그 위에 정액을
뿌려 수정한 뒤 암수는 죽고 말지만
수정된 알은 두어 달 후 부화하여
다시 강 하구로 내려가 그 조상들처럼
수정을 위한 수만 키로의 여정을 시작한다

연어가 알을 낳고 수정한 뒤 기운이 다하여
입마저 헤벌리고 숨을 헐떡이다가 죽는
그 모습 참으로 해학적이고도 비극적이지만
한편으로는 숭고하고도 아름다운 것은
인간과 다른 연어의 종족보존에 대한
임무와 소망 때문만은 아니겠지

(2020.08.11.)

안타까움

젊은이가 끈질기게 구애하면
백번 찍는 도끼가 되고
늙은이가 끊임없이 구애하면
주책없고 분수 모르는 스토커일까

젊은 왕자가 자신의 왕관을 포기하고
구애하면 세기의 로맨스고
늙은 왕이 왕좌를 포기하고
구애하면 성추행이고 죽어야 마땅할까

지위가 높으면 늙어도
고독하지도 외롭지도 않고
사랑하는 마음도 없고
사랑해서는 안 되는 그런 존재가 될까

젊은 여자의 성은 소중하고
늙은 남자의 성은 유죄일 뿐일까
수사자가 능력을 잃으면
암컷에게 버림을 받듯

이미 목숨으로 인정하고 사죄했는데
자꾸만 조사를 하고 몰아치는 것은
부관참시라도 하겠다는 뜻인가
더 이상 부관할 시체도 이미 없는데

(2020.07.17.)

미팅meeting

젊은 시절 어쩌다 미팅을 하게 되면
어떤 사람과 짝을 이루게 될지
설레는 마음으로 밤잠을 설치곤 했다

섭섭하고 안타까운 일이었지만
실제 미팅에서 짝을 정할 때는
한 번도 마음에 드는 상대와
짝이 이루어진 적은 없었다

늘그막에 무료함을 달래기 위해
새로운 친구를 만드는 미팅이 있었다
청춘도 아닌데 온갖 상상과 기대 속에
설레는 마음은 젊은 시절과 마찬가지

행운은 정해져 있고 혹시는 역시일 뿐
이번에도 철이 한참이나 지난 할미꽃과
짝이 되어 어떤 이변도 일어나지 않았다

뒤로 자빠져도 코가 깨지는 놈과
주저앉아도 돈 자루를 깔고 앉는 놈은
처음부터 정해져 있다는 생각과
송충이는 솔잎을 먹어야 제 분수라는 생각에
소태 같은 입맛으로 안분지족만 되새겨봤다 (2020.08.15.)

충忠과 대의大義

고려 말의 삼은은 충신이라 추앙하지만
조선 건국의 개국공신은 충신이라 일컫지 않고
단종을 위해 목숨 바친 사육신은 충신이라 하지만
세조를 세운 정난공신은 충신이라 하지 않듯

일제강점기에는 일제에 공을 세워 영달했고
해방 후에는 대한민국에 공을 세워 영달했다면
능력과 공은 인정할 수 있으나
그 공업은 개인의 이익과 영달을 위한 것일 뿐
국가와 민족을 위한 대의나 충성이라 할 수는 없다

뒷골목 깡패들이나 상인들 사이에도
충과 의리가 있지만
개인의 이익을 위한 충과 의리일 뿐이기에
충신이라 하지 않는 것과 같은 이치다

진정한 충과 의는
작은 집단이나 개인의 이익 추구가 아니라
국가나 민족을 위한 자기희생과
의를 뜻하는 것이 아닐까

(2020.07.17.)

고목古木

옛날 시골마을의 당산목은
사람보다 장수하는 마을의 수호신이자
마을사람들의 모든 소원을 다 들어주는
절대적인 의지 처였고
정자 옆의 고목도 정자를 찾아왔던
동내사람들의 어떤 비밀도 다 알고 있었기에
고목은 신비하고 초능력을 지닌 존재로서
마을사람들의 존중과 기원의 대상이 되었다

도시의 현대 고목은
콩크리트 바닥 위에 심어져서
듣는 것도 자동차소리와
인간들의 와글거리는 소리만 듣기에
신비한 능력을 지니기는커녕
누구도 존중하지 않는 천덕꾸러기가 되었다

옛날에는 사람도 늙을수록
저절로 현명하고 지혜로워져서
구성원들의 존경과 지지를 받고 존중되었지만
오늘의 노인은 눈 어지럽게 변하는 세상에
적응하지 못해 낙오하거나 소외되어

오히려 구성원들을 귀찮고 성가시게 하는
쓸모없는 존재가 되고 말았다

도시의 고목과 노인이 동병상련을 앓는 것은
나이 탓일까 세상 탓일까

(2020.07.19.)

가기 좋은 때

사람은 누구나 건강하게 오래 살다가
가장 좋은 때와 시간에 가기를 원하고
죽어서는 범이 죽어 가죽을 남기듯
꽃다운 이름을 청사에 남기고 싶어 한다

가장 잘 산 사람의 삶은
많이 이루거나 오래 산 사람이 아니라
남들에게 가장 가치 있고 필요한 사람으로
오래오래 기억되는 것이 듯

가장 가기 좋은 때도
일몰 직전의 황홀한 저녁놀이나
꽃을 피우기 직전 꽃샘추위로
시들어버린 안타까운 꽃망울처럼

무작정 오래 사는 것보다
성공 직전 가능성과 여운만 남긴 채
남들이 가장 필요로 하며 안타까워하는
그런 때와 시간이 아닐까?

(2020.01.20.)

분실紛失

분실했다
방콕하며 답답하던 마음도
부적절하게도 들끓던 욕망도
신분증도 운전면허증도
온갖 카드와 적잖은 현금도
언제 어디서 어떻게 분실했는지
알 수는 없지만

지갑의 분실은 물질적인 손실뿐만 아니라
뒤처리가 번거롭고 성가신 것은 물론
오래 동안 몸에 지녔던 물건이라 자신을
잃어버린 듯 허전하고 안타깝다

코로나로 2단계 거리두기가 강화되던 엊그제
집콕하던 중 무더운 여름날의 텁텁한 기분도
날릴 겸 세상 돌아가는 모습을 구경하러
도심으로 길을 나선 일탈의 결과물인 듯

늙어서의 분실은 자신의 소중한 것을 잃고도
잃은 것조차 깨닫지도 못했다는 자책과
지금쯤 어느 쓰레기통에서 신음할
자신의 분신 등이 안타까워서
자기 자신도 분실한다 (2020.08.26.)

발문跋文

필자는 너무 늦은 나이에 등단했기에 남만큼은 아니더라도 어느 정도의 작품은 창작해야 작가라는 이름에 부끄럽지 않겠다고 생각했다. 그리고 성현들은 일하지 않는 자는 밥도 먹지 말라 했는데 필자도 명색이 작가로 등단했으니 밥을 먹기 위해서라도 글을 쓸 수밖에 없고 그것도 하루에 한편 이상의 글은 써야 밥값을 한다는 생각을 하게 되었다.

그래서 필자는 하루에 한편씩은 아니지만 부단히 노력한 결과 등단한지 5년 만에 세 권의 시집과 두 권의 수필집을 내었다. 그리고 2020년과 2021년에는 마부작침磨斧作針하는 마음으로 해마다 300편 이상의 시를 썼고 2020년 상반기에 쓴 작품은 '어쩌라고'라는 제목으로 이미 출간도 했다.

여기에 '어정잡이'란 이름으로 출간하려는 시집은 필자의 네 번째 시집이다.

작품집 제목을 '어정잡이'로 붙인 것은 필자의 삶이 날지도 못하고 기지도 못한 어정쩡한 위치에서 어정쩡하게 살아왔다는 자기반성의 의미에서 붙였다.

이외에 2021년에 쓴 300여 편의 작품도 출판비의 여건

이 허락된다면 부끄럽지만 조만간 순차적으로 출판할 예정이다

시집을 출간하려고 그 동안 써 두었던 시를 모아보니 이번의 시집에 실리게 될 시도 이전의 시집에 실었던 시와 별반 차이가 없어 전문가의 해설이 없이도 누구든지 읽기만 하면 무엇을 말하는지 금방 알 수 있는 시들이 대부분이었다.

나도 남들처럼 좀 어렵고 대단해 보이는 시를 쓰고 유명 평론가들의 해설을 붙이고 싶었지만 이번에도 능력이 미치지 못한 것 같다. 다음에 좀 더 멋진 시를 써서 해설이 필요하게 되면 그 때 해설을 붙이기로 하고 여기서는 또 발문만 붙인다.

여기에 실린 시들은 2020년 8월부터 12월까지 쓴 작품 150여 편 중 100편만 골라서 12월에 쓴 작품부터 앞에 싣고 8월에 쓴 작품을 끝에 싣는 역순서로 배치했다.

그리고 작품 끝에는 시를 쓴 날짜를 제시하여 그러한 시가 써졌을 때의 시대적 사회적 상황과 계절 등을 고려해서 시를 좀 더 쉽게 공감하고 이해할 수 있도록 했다.

시의 내용에 대한 이해와 감상은 독자의 몫이기에 작가가 해설을 붙이는 것은 오히려 독자 나름대로의 이해를 방해할 수 있다는 점에서 생략한다.

(2021. 11.)

어정잡이

초판1쇄 발행 2022년 4월 15일

지 은 이 김수봉
펴 낸 이 이길안
펴 낸 곳 세종출판사

주소 부산광역시 중구 흑교로 71번길 12 (보수동2가)
전화 051－463－5898, 253－2213~5
팩스 051－248－4880
전자우편 sjpl5898@daum.net
출판등록 제02-01-96

ISBN 979-11-5979-498-8 03810

정가 10,000원